RÉPONSE

A M. RAOUL-ROCHETTE,

SUIVIE

DU RAPPORT D'UNE COMMISSION D'ENQUÊTE

INSTITUÉE EN 1848

PAR LE MINISTRE DE L'INSTRUCTION PUBLIQUE

POUR EXAMINER LA CONDUITE DE M. RAOUL-ROCHETTE

DANS L'ACQUISITION DES VASES DE BERNAY.

PAR

M. CARNOT.

PARIS

IMPRIMERIE DE L. MARTINET,

RUE ET HOTEL MIGNON, 2.

(Quartier de l'École-de-Médecine.)

1850.

L 27
Lin. 17713

RÉPONSE

A M. RAOUL-ROCHETTE,

SUIVIE

DU RAPPORT D'UNE COMMISSION D'ENQUÊTE

INSTITUÉE EN 1848

PAR LE MINISTRE DE L'INSTRUCTION PUBLIQUE

POUR EXAMINER LA CONDUITE DE M. RAOUL-ROCHETTE

DANS L'ACQUISITION DES VASES DE BERNAY.

PAR

M. CARNOT.

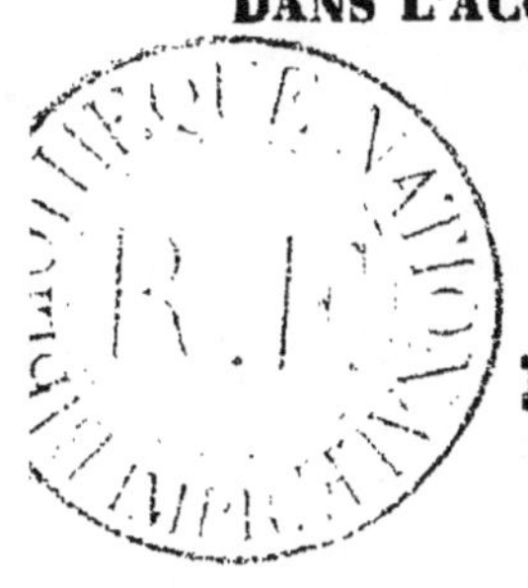

PARIS

IMPRIMERIE DE L. MARTINET,

RUE ET HOTEL MIGNON, 2.

(Quartier de l'École-de-Médecine.)

1850.

RÉPONSE A M. RAOUL-ROCHETTE. [1]

A M. LE RÉDACTEUR DE *LA LIBERTÉ DE PENSER*.

Paris, le 3 avril 1850.

Monsieur,

Voudrez-vous bien m'accorder quelques pages de votre recueil pour vider une querelle particulière dont j'hésite à occuper les journaux politiques ? C'est de la politique pourtant, puisqu'il s'agit de ce gouvernement provisoire si généreux quand il était fort, si respecté quand il était debout, si outragé depuis qu'il est par terre ; puisqu'il s'agit de repousser avec l'indignation qu'ils méritent ses courageux détracteurs. Si l'on trouvait que j'ai secoué l'insulteur un peu rudement, je répondrais qu'on est obligé de frapper fort pour acquérir le droit de frapper rarement.

Agréez, monsieur, etc.

CARNOT.

(1) Un premier acte d'agression de M. Raoul-Rochette a nécessité cette réponse insérée dans le cahier d'avril 1850 de *la Liberté de penser.* J'y promettais, si mon interlocuteur revenait à la charge, de publier l'enquête ordonnée en 1848 à sa propre demande. Une nouvelle provocation m'oblige aujourd'hui de tenir parole. Je me borne d'ailleurs à réimprimer ma réponse en y joignant quelques notes explicatives.

Depuis bientôt cinq mois, **M. Raoul-Rochette** fait circuler à petit bruit une brochure fort agressive contre moi. Quelques amis m'en avaient prévenu ; mais je me refusais à les croire , persuadé qu'un homme loyal ne dissimule jamais son attaque à celui-là même qui en est l'objet. Cependant un exemplaire de la brochure dont il s'agit m'ayant été présenté, il a fallu me rendre à l'évidence.

Je n'ai pas l'habitude de répondre aux injures, ni même aux calomnies ; je m'en abstiendrais encore cette fois si l'on ne m'avertissait que mon silence prolongé les encourage. D'ailleurs la calomnie se produit ici sous le nom d'un membre de l'Institut : je me vois contraint de lui infliger le châtiment de la publicité, qu'elle a pris tant de soin d'éviter.

La brochure de **M.** Raoul-Rochette a pour titre complet :

Pétition adressée à l'Assemblée nationale législative, pour demander le rétablissement de l'emploi de conservateur du cabinet des médailles et antiques de la Bibliothèque nationale, supprimé par arrêté de M. Carnot, du 1er mars 1848, par M. Raoul-Rochette. Paris , 1849.

Trois griefs y sont allégués : je vais les énumérer.

1° M. Carnot, ministre de l'instruction publique, a commis un abus de pouvoir et un acte illégal, en supprimant, par son arrêté du 1er mars 1848, l'un des deux emplois de conservateurs des médailles ;

2° M. Carnot, en supprimant cet emploi, a pris une mesure de mauvaise administration ;

3° M. Carnot, en retirant ces fonctions à M. Raoul-Rochette, s'est rendu coupable d'une injustice, il a obéi à des passions politiques.

Sur le premier point : M. Raoul-Rochette me permettra de ne pas discuter avec lui l'étendue des pouvoirs exécutifs et législatifs dont la révolution de Février avait investi le gouvernement provisoire. Quant aux ministres de ce gouvernement, un décret spécial leur avait déféré le droit de régler par leurs arrêtés les affaires d'administration pour lesquelles des ordonnances royales avaient été jusqu'alors nécessaires. La Convention, lorsqu'elle rendit son décret du 25 vendémiaire an IV, qui organise la bibliothèque nationale, agissait comme pouvoir exécutif. Aussi ce décret, non inséré au *Bulletin des lois*, put-il être successivement modifié : en l'an IX, par un arrêté ministériel ; en 1828, sous M. de Martignac, en 1832, sous M. Guizot, et deux fois en 1839, sous MM. de Salvandy et Villemain, par de simples ordonnances. Je tiens donc pour incontestable que le ministre de l'instruction publique du gouvernement provisoire avait autorité suffisante pour le modifier à son tour, en réformant un des deux conservateurs des médailles *sans pourvoir à son remplacement,* ainsi que le porte l'arrêté du 1ᵉʳ mars.

Sur le second point : je suppose que si la nécessité de deux conservateurs aux médailles était bien démontrée, comme le prétend M. Raoul-Rochette, quoiqu'il soit demeuré lui-même près de trois ans seul conservateur de ce département, sans que l'idée lui vînt alors de demander le partage de sa fonction, si la suppression accomplie par le gouvernement provisoire était une mesure de fausse économie et de mauvaise gestion, le conservatoire de la Bibliothèque se serait empressé de réclamer ; M. Raoul-Rochette n'aurait pas fait des démarches infructueuses auprès de M. de Falloux, et M. de Falloux n'aurait surtout pas refusé à M. Raoul-Rochette l'exercice, *même gratuit*, des fonctions qu'il revendiquait, comme ce dernier nous l'apprend dans sa pétition. Je suis obligé de rappeler au pétitionnaire dans quelles circonstances la nécessité d'une surveillance mutuelle de deux conservateurs apparut tout à coup à l'administration. Ce fut en 1832, après une aventure assez désagréable pour M. Raoul-Rochette, et qui avait provoqué deux enquêtes sur sa conduite. M. Guizot, alors ministre de l'instruction publique, jugea convenable de placer un collaborateur à côté de M. Raoul-Rochette. Lorsqu'en 1848 M. Raoul-Rochette fut éloigné de la Bibliothèque nationale, je jugeai superflue cette double collaboration : voici le fait dans toute sa réalité.

Je me hâte d'en venir à ce qui concerne M. Raoul-Rochette et l'injustice dont il se croit victime.

Et d'abord, M. Raoul-Rochette ne serait pas fâché d'aggraver mes torts envers lui en me prêtant un peu d'ingratitude. Il fut, dit-il, collègue de mon père à l'Institut, et reçut de lui d'intimes confidences. Je prends à regret son érudition en défaut ; comment un homme qui a compulsé tant de dates peut-il commettre de pareils anachronismes ? M. Raoul-Rochette est entré à l'Institut en 1816 ; à cette époque mon père en avait été éliminé par une ordonnance royale, et depuis 1815 il errait à l'étranger, proscrit par les amis de M. Raoul-Rochette. Celui-ci se fait donc illusion lorsqu'il croit avoir été le collègue de Carnot à l'Institut, et avoir reçu, comme il le dit, *les épanchements de sa douleur patriotique dans les jours qui précédèrent sa proscription* (1).

Je continue. Le procès de M. Raoul-Rochette, il faut bien que je lui dise cette dure vérité, était déjà instruit avant mon entrée au ministère ; il n'y avait pas besoin d'une révolution pour qu'il fût jugé. Non seulement

(1) M. Raoul-Rochette persiste dans ses illusions. Il a vu Carnot, dit-il, à la Bibliothèque de l'Institut, *dans le petit nombre de jours qui précédèrent la rentrée de Louis XVIII* en 1815, et Carnot *lui exprima plus d'une fois les craintes qu'il éprouvait pour sa liberté.* Or, voici les faits : Après le désastre de Waterloo, Carnot passa immédiatement du ministère de l'intérieur à la commission de gouvernement. Les travaux de cette commission durèrent quinze jours, pendant lesquels j'affirme à M. Raoul-Rochette que mon père ne fréquenta point la bibliothèque de l'Institut. Le jour même où ses pouvoirs expirèrent avec la capitulation de Paris, Carnot quitta cette ville pour n'y jamais rentrer. Mais, en supposant vraie la rencontre imaginaire dont parle M. Raoul-Rochette, quelle apparence y a-t-il que Carnot eût choisi pour dépositaire de ses épanchements un jeune homme inconnu, favori de ses proscripteurs, qui venait de remplacer à l'Institut, par ordonnance royale, son vieux collègue et ami Grégoire ?

Quant à l'ordonnance dont il s'agit, et que M. Raoul-Rochette date des premiers jours de mars 1815, je l'admets sur sa parole, car elle ne figure, si je ne me trompe, dans aucun recueil officiel. Nous ne connaissons que deux épurations académiques ; la première eut lieu après le 18 fructidor an 5, l'autre le 21 mars 1816 ; Carnot fut atteint par toutes les deux.

Au reste, M. Raoul-Rochette, qui se proclame victime de la politique, devrait au contraire la remercier de certaines interventions bienveillantes dans sa carrière scientifique. Il déclare lui-même être devenu académicien par ordonnance royale en 1815 ; il dut, en outre, à son *royalisme ardent* (j'emprunte ses expressions), l'avantage d'être préféré en 1818, au savant et modeste Mionnet, présenté le premier sur une triple liste de candidature, pour la place de conservateur au cabinet des antiques, où il avait été appelé depuis 1795 par l'abbé Barthélemy.

les deux enquêtes dont j'ai parlé n'avaient point abouti en sa faveur, mais la partie d'administration à laquelle il présidait avait donné lieu à des plaintes dont la tribune même du Palais-Bourbon s'était rendue l'écho plusieurs fois (1); des négligences nombreuses lui étaient reprochées, et l'une d'elles avait favorisé le plus grand désastre qu'ait éprouvé la Bibliothèque nationale (2); il s'était constitué en état de rébellion habituelle à l'égard de l'administrateur en chef de cet établissement; il se refusait obstinément à faire faire l'inventaire général des pièces déposées au cabinet des antiques (3); enfin la possession d'une collection particulière d'objets précieux dans le genre de ceux dont

(1) Rapport de M. Allard sur les crédits supplémentaires de 1846 et 1847.

Rapport de M. Bignon au nom de la commission des finances. 1847.

Discussion de MM. de Lasteyrie, Saint-Marc-Girardin, Lherbette, de Lagrange, Taillandier.

Dans le rapport de M. Allard, on lit : « Nous appelons la plus sévère attention de M. le ministre de l'instruction publique sur cette partie du service, dont la situation, si elle se prolongeait, serait de nature à compromettre une des propriétés nationales dont un peuple éclairé doit être le plus fier et le plus jaloux, et des valeurs d'art que l'on ne remplacerait pas au prix de cinquante millions. »

(2) A l'occasion du fameux vol de médailles, en 1831, le réquisitoire du procureur du roi s'exprime ainsi : « Dans ce cabinet (celui de M. Raoul-Rochette) est un bureau. C'est là que se trouvaient les clefs des médailliers. C'est là que les voleurs, bien instruits, ont été les prendre. La clef du tiroir qui les renfermait était restée dans la serrure. »

(3) M. Raoul-Rochette assure qu'il ne s'est jamais refusé à cet inventaire. D'un autre côté nous lisons ce qui suit dans une lettre adressée au ministre de l'instruction publique par M. Naudet, directeur de la Bibliothèque royale, lettre insérée au *Moniteur* du 13 mai 1847 : *M. Raoul-Rochette tint la parole qu'il avait donnée très spontanément et très hautement, de ne se mêler en aucune*

la garde lui était confiée, le mettait en contravention avec les sages règlements de la Bibliothèque.

Tout cela peut expliquer à M. Raoul-Rochette comment, dès le 1er mars, j'étais édifié sur son compte ; et s'il veut savoir pourquoi j'ai pris à son égard une prompte décision, c'est qu'on ne saurait trop se hâter de mettre un terme à certains abus.

Privé de son emploi à la Bibliothèque, il restait encore à M. Raoul-Rochette une chaire de professeur d'archéologie ; de plus, il demeurait secrétaire perpétuel de l'Académie des beaux-arts, membre de plusieurs commissions rétribuées, et rédacteur également rétribué du *Journal des savants :* fonctions diverses qui, jointes au traitement de membre de l'Institut, lui constituent, si je calcule bien, une perception de 16 à 18,000 francs sur le budget de la République. Je pense que, dans l'état imparfait de notre organisation scientifique, il est impossible d'interdire certains cumuls aux hommes de lettres et aux savants ; mais le chiffre auquel se trouvait réduit M. Raoul-Rochette, après le retrait de son emploi de conservateur, me semblait, je l'avoue, atteindre, sinon dépasser, un maximum autorisé par la raison et l'économie. Si sa révocation avait été le fait d'une persécution poli-

façon de ce travail. Il s'agissait du catalogue du cabinet des médailles, entrepris par les soins du directeur de la Bibliothèque, et par M. Lenormant, l'un des conservateurs de ce département. Ce catalogue était réclamé par le gouvernement, par les chambres, et pour en montrer la nécessité il suffit de dire qu'il n'a pas été fait de récolement des richesses amassées au cabinet des antiques depuis 1720.

Cependant le Rapport de M. Letronne, directeur en 1834, s'exprimait ainsi : « Les accroissements considérables que le cabinet a reçus, les pertes qu'il a faites récemment, ne permettent pas de différer plus longtemps un catalogue général et un inventaire métique , il est peu probable qu'il eût conservé toutes ces fonctions salariées (1).

Au reste, ce n'est pas la première fois que M. Raoul-Rochette se croit sacrifié à l'esprit de parti : il lui attribuait déjà les deux enquêtes ordonnées par M. d'Argout en 1831 et 1832, à la suite de cette désagréable aventure dont nous avons parlé. Cette aventure, il faut bien la nommer, c'est celle des vases de Bernay, que M. Raoul-Rochette avait acquis, moyennant une somme de 17,000 fr., pour le compte de l'établisse-

thodique de tout ce qu'il renferme maintenant. C'est une lacune qu'il importe à tous égards de faire disparaître, pour que la responsabilité des conservateurs cesse d'être illusoire. » Enfin, on lisait ce qui suit dans le Rapport au roi qui précédait l'ordonnance du 22 février 1839 : « Les catalogues n'ont pas pu être dressés ; *l'œuvre d'un inventaire général n'a pas même été tentée.* » M. Rochette s'était obstiné à opposer la force d'inertie aux injonctions qu'il recevait des ministres et des chambres.

(1) M. Raoul-Rochette s'écrie : De quel droit auriez-vous pu m'atteindre à l'Institut ou au *Journal des savants ?* M. Raoul-Rochette feint de ne pas comprendre qu'il est fait allusion ici à sa chaire d'archéologie. Aux termes de la loi du 20 prairial an III, confirmée par une ordonnance royale du 22 mai 1838, cette chaire est attachée aux fonctions de conservateur du cabinet des antiques. La déchéance de la dernière de ces positions eût entraîné la déchéance de l'autre dans l'application rigoureuse de la loi.

M. Raoul-Rochette n'ose pas dire, mais il insinue que des prédilections personnelles ont pu dicter les choix occasionnés par sa sortie de la Bibliothèque. Je l'étonnerai peut-être beaucoup en lui disant que je ne connaissais personnellement alors aucun des fonctionnaires nouveaux nommés à la Bibliothèque nationale sous mon administration. Leur mérite spécial les a seul recommandés ; mais je ne connaissais pas plus ces messieurs, qu'il suppose avoir été mes amis, que je ne connais M. Raoul-Rochette lui-même, qui se croit pour moi un objet de haine. Pareille observation s'applique aux membres de la Commission d'enquête. Deux d'entre eux avaient été mes collègues à l'ancienne Chambre des Députés; tous les autres m'étaient, et me sont encore aujourd'hui, parfaitement étrangers.

ment dont il était conservateur, et qu'il essayait de lui faire payer 30,000 (1).

Lorsque M. Raoul-Rochette se vit atteint par l'arrêté du 1ᵉʳ mars 1848, il sollicita une enquête publique, et désigna comme dignes de toute sa confiance les membres d'une commission déjà chargée d'examiner la gestion d'un autre conservateur. Sa demande lui fut accordée. Le premier soin des commissaires fut naturellement de consulter les deux enquêtes précédentes. Elles offraient toute garantie : l'une des commissions d'enquête, présidée par M. Cuvier, avait eu M. Prunelle pour rapporteur ; l'autre, composée de membres du conseil d'État, s'était exprimée par l'organe de son propre président, M. Hély d'Oissel. Malheureusement les originaux de ces deux rapports avaient été soustraits des cartons ministériels ; peut-être n'ignorait-on pas leur absence. Mais heureusement les souvenirs de l'honorable M. Prunelle firent revivre la pensée de son travail ; elle était ceci : *qu'une affaire de telle nature ne pouvait entrer dans les attributions d'une commission administrative.* Quant au rapport de M. Hély d'Oissel, on fut plus heureux encore : la minute autographe se

(1) « Les faits qui résultent des pièces ci-jointes, et sur l'existence desquels aucune controverse n'est possible, peuvent se résumer ainsi : le 3 mai 1830, M. Raoul-Rochette a acheté, moyennant 15,000 francs, plus 2,000 francs de frais extraordinaires, pour le compte de la Bibliothèque, les objets antiques découverts près de Berthouville, et le 15 du même mois, sur la proposition de M. Raoul-Rochette, le Conservatoire a consenti à payer 30,000 francs ces mêmes objets qui lui appartenaient déjà moyennant 17,000 francs. »

(Extrait du rapport fait au nom d'une commission d'enquête composée de MM. Taillandier, président ; Taschereau, Ravenel, Guérard, Ravaisson et Lascoux, rapporteur). (V. plus loin ce *Rapport.*)

retrouva (1). Quelques lignes que nous allons lui emprunter suffiront pour en faire apprécier la moralité.

« Il est bien difficile de répondre à ces questions
» d'une manière favorable à M. Raoul-Rochette. (Il
» s'agissait spécialement des vases de Bernay.) Ce-
» pendant une crainte nous retient : dans une affaire
» qui intéresse l'avenir et la réputation d'un savant
» distingué, il nous en coûte de prononcer d'une ma-
» nière rigoureuse et absolue. Nous avouons néanmoins
» qu'après l'examen détaillé des faits, nous ne pou-
» vons nous défendre d'une impression bien pénible...
» Notre mission principale était de faire ressortir
» les faits et de les exposer sous leur véritable jour ; et
» après avoir exprimé combien les explications de
» M. Raoul-Rochette ont été loin de nous satisfaire,
» combien nous trouvons sa conduite digne de blâme,
» nous devons laisser à votre sagesse à apprécier ce
» que la justice et les convenances pourraient exiger
» de rigueur ou permettre d'indulgence. »

La troisième commission d'enquête, présidée par un honorable magistrat, M. Taillandier, ne se contenta pas de se référer à ce document, fruit d'une information faite à une époque très voisine des actes incriminés. Elle recommença l'instruction, se livra à de nouvelles recherches, et, il faut bien le dire, l'exposé des faits,

(1) J'ai commis ici une erreur. M. Hély d'Oissel, conseiller d'État, présidait la commission ; son fils, alors auditeur, aujourd'hui conseiller d'État, en était secrétaire, et c'est lui qui fit le rapport. C'est donc l'auteur lui-même qui a bien voulu transmettre à la commission une expédition de son travail, annotée de la main de son père, (V. plus loin sa lettre au président de la Commission.) •

rédigé par un autre magistrat, M. Lascoux, n'est pas plus favorable à l'ancien conservateur des médailles que les avis motivés de MM. Prunelle et Hély d'Oissel (1).

Si nous ne transcrivons pas ici ce rapport, ce qui nous serait parfaitement permis, puisque M. Raoul-Rochette nous avait lui-même demandé une enquête publique, c'est parce qu'une affaire personnelle ne nous semble pas mériter tant d'appareil. Si, toutefois, M. Raoul-Rochette ne se tenait pas pour suffisamment convaincu devant l'opinion, nous serions en mesure de mettre le public dans la confidence entière de sa conduite. Cette fois les pièces ne peuvent être anéanties : averti par l'expérience, j'ai pris des mesures pour que des copies authentiques en soient conservées dans plusieurs dépôts publics.

M. Raoul-Rochette n'ignore pas qu'en vertu de ces pièces je puis lui dire aujourd'hui : Vous avez mérité votre destitution par des spéculations privées, moralement incompatibles avec vos fonctions publiques, par un mauvais exercice de ces fonctions, et par la violation du règlement qui interdit aux conservateurs des collections de l'État la possession de collections particulières de même nature. La politique est complétement étrangère à cette destitution.

Vous avez été mal inspiré, monsieur, en provoquant la lumière. L'obscurité vous favorisait davantage : elle eût peut-être laissé planer quelques doutes sur les

---

(1) M. Raoul-Rochette me fait un crime de ne pas lui avoir donné communication de ce rapport ; il n'ignore pas cependant que la commission d'enquête termina son travail le 5 juillet, le jour même où je quittais le ministère, et que ce travail fut remis par elle entre les mains de mon successeur.

causes de votre disgrâce parmi ceux qui ne vous connaissent pas, ni moi non plus.

Quant à ceux qui me connaissent, ils savent que personne n'est moins accessible à ce que les passions politiques ont de haineux et d'agressif. Pendant mon administration, des fonctionnaires dont l'opinion était notoirement peu favorable au gouvernement républicain, mais qui se contentaient de remplir leur mission avec intelligence et probité, n'ont été nullement alarmés : vous en auriez eu la preuve en regardant autour de vous. J'ai même pris soin de rassurer personnellement ceux qui avaient conçu quelque inquiétude sur leur position : vous auriez pu interroger à ce sujet l'honorable M. de Feletz, votre collègue à l'Institut et votre collègue aussi dans le service des bibliothèques (1).

M. Raoul-Rochette a donc grand tort de dire que toutes les existences scientifiques analogues à la sienne étaient frappées en sa personne par l'arrêté du 1er mars 1848. Cet arrêté ne frappait réellement, ou plutôt il ne menaçait que les administrateurs coupables de fautes analogues à celles qui lui sont reprochées. Je dois ajouter que si, dans de pareilles circonstances, j'ai dû faire quelques rares exemples de sévérité, ils ne m'ont laissé aucun regret.

CARNOT.

(1) La mort a frappé récemment ce vieillard, qu'un de mes successeurs avait moins respecté que moi, bien que ses sympathies politiques semblassent devoir le lui recommander davantage. Mais M. de Feletz a lui-même pris soin de publier dans les journaux la lettre que je lui écrivis au mois de mai 1848.

NOTE

DU

PRÉSIDENT DE LA COMMISSION D'ENQUÊTE,

FAITE EN 1848,

A LA DEMANDE DE M. RAOUL-ROCHETTE,

Sur l'acquisition des vases de Bernay.

Dans sa brochure intitulée : *Lettre à M. Carnot*, M. Raoul-Rochette dit, p. 19, qu'il ne tenait pas les membres de la Commission *pour dignes de sa confiance; qu'ils avaient manqué à son égard de la première condition de juges*, DE L'IMPARTIALITÉ ; *que cette Commission n'a pu travailler que sur la minute du rapport de la première Commission (celle de 1832), et que cette minute n'ayant aucune autorité, le travail de la Commission*, APPUYÉ SUR CETTE SEULE BASE, *demeure frappé de nullité* ; il avait dit, p. 18, qu'il n'aurait qu'à nommer *quatre* sur *six* membres de cette Commission, avec *un* qui avait été oublié, pour prouver à tout le monde qu'il ne pouvait voir en eux que des ennemis politiques, etc.

Voici comment les choses se sont passées ; on verra par là si ces reproches sont mérités.

J'avais été nommé, le 15 mars 1848, par M. le ministre de l'instruction publique, président d'un Comité pour l'organisation des bibliothèques publiques.

Ce comité était composé de MM. Brunet, le savant bibliographe ; Génin, chef de la division des établissements scientifiques et littéraires au ministère de l'instruction publique ; Lascoux, substitut du procureur général à la Cour d'appel, l'un des membres les plus zélés du conseil de la Société de l'histoire de France; Ferdinand de Lasteyrie, ancien député; Littré, membre de l'Institut; Ravaisson, inspecteur général des bibliothèques; Taschereau, ancien député; Natalis de Wailly, membre de l'Institut, chef de section aux archives nationales.

Ces noms indiquent suffisamment que le comité avait été organisé en dehors de toute préoccupation politique.

Peu après sa composition, un conservateur de la Bibliothèque nationale, qui avait été récemment privé de son emploi, comme M. Raoul-Rochette, demanda une enquête pour que sa conduite fût examinée.

M. le ministre me chargea de présider la Commission qui devait procéder à cette enquête. Cette commission fut composée de MM. Lascoux, Ravaisson et Taschereau, qui, comme moi, appartenaient au comité des bibliothèques, et de MM. Ravenel, conservateur de la Bibliothèque nationale, Guérard, membre de l'Institut et conservateur adjoint de la Bibliothèque nationale, enfin de M. Prial, chef de la comptabilité au ministère de l'instruction publique.

Les choses étaient en cet état, lorsqu'à la fin de mars je reçus la visite de M. Raoul-Rochette. Il venait me demander conseil, disant qu'il avait lieu d'imputer sa destitution à l'affaire des vases de Bernay; que quelques mois avant la Révolution de février le *National* et d'autres journaux avaient rappelé cette affaire avec des circonstances malveillantes; qu'il avait négligé de leur faire alors un procès en diffamation, mais qu'il était dans l'intention de leur en intenter un.

Lorsque M. Rochette m'eut dit que les articles dont il se plaignait avaient été publiés dix mois auparavant, je lui répondis qu'on lui opposerait probablement la prescription; qu'au surplus il ferait bien de consulter un avocat.

M. Rochette me dit alors qu'il irait voir M. Baroche, et que s'il ne lui conseillait pas d'intenter un procès aux journaux, il le consulterait sur l'opportunité d'une demande d'enquête administrative.

Voici la lettre que je reçus quelques jours après de M. Rochette :

« Monsieur ,

» J'ai vu hier M. Baroche, qui m'a appris que le délai fixé
» pour les poursuites contre les journaux était expiré ; qu'ainsi
» la prescription était acquise, et qu'une action judiciaire n'était
» plus possible. Il n'y a donc plus que le recours à la voie admi-
» nistrative qui me soit ouvert, et M. Baroche approuve tout à
» fait que je prenne cette voie , en m'adressant à la Commission
» que vous présidez. En conséquence , j'ai pris le parti d'écrire
» à M. le ministre de l'instruction publique pour lui en faire la
» demande, et j'irai demain matin de bonne heure, si vous voulez
» bien le permettre, monsieur, vous porter un projet de lettre
» pour que vous ayez la bonté de me dire si vous le trouvez dans
» une forme convenable.

» Agréez, monsieur, l'expression de ma haute considération,

» RAOUL-ROCHETTE.

» Ce mardi, 4 avril. »

En effet, le lendemain matin j'eus la visite de M. Raoul-
Rochette.

Ce fut dans cette visite qu'il me parla de la Commission d'enquête de 1832 , laquelle avait été composée de trois conseillers
d'État et de deux maîtres des requêtes.

Je lui dis alors : « Pourquoi, si l'acquisition des vases de
Bernay a été déjà l'objet d'une enquête, en solliciter une nouvelle ? De deux choses l'une : ou la Commission de 1832 vous a
été favorable , alors demandez son rapport au ministre, publiez-
le ; ce sera le meilleur moyen de mettre un terme à la calomnie ;
ou cette Commission vous a été défavorable, alors n'y a-t-il pas
imprudence à raviver cette affaire ? »

M. Rochette me répondit qu'il ne connaissait pas bien ce rapport de 1832, qu'il avait d'ailleurs été fait par des hommes qui
avaient été ses ennemis politiques, et qu'enfin il croyait qu'il
avait disparu des cartons du ministère.

J'avoue que je lui témoignai mon étonnement de ce que des
pièces de cette importance se perdaient dans les ministères ; que
déjà il en avait été de même du rapport de M. Prunelle, ce qui
avait amené des plaintes à la tribune de la Chambre des députés.

Malgré ces observations, M. Rochette ayant demandé au ministre un *éclaircissement public par voie d'enquête*, celui-ci crut devoir en charger la Commission qui s'occupait déjà d'une enquête à l'égard d'un autre ancien conservateur. Cette Commission était, comme on l'a vu, composée de quatre membres appartenant au Comité des Bibliothèques, de deux employés supérieurs de la Bibliothèque nationale et du chef de la comptabilité du ministère. Ce dernier donna sa démission dès le commencement des travaux de la Commission, parce que les séances ayant lieu le soir, sa vue affaiblie ne lui permettait pas de s'y rendre. Cette démission explique comment la Commission ne s'est plus trouvée composée que de six membres, circonstance parfaitement connue de M. Rochette, puisqu'il n'a envoyé que six exemplaires de sa brochure de 1838.

Mon premier soin fut de rechercher le Rapport de la Commission de 1832, et aussi celui de M. Prunelle.

Je fis des efforts infructueux pour les trouver, soit au ministère de l'intruction publique, soit à celui du commerce.

J'écrivis à M. Prunelle; il voulut bien me répondre qu'il n'avait plus la minute de son rapport, et, en ce qui concernait l'affaire des vases de Bernay, il ne citait que la phrase qui a été reproduite textuellement dans notre Rapport.

Quant à l'enquête de 1832, un membre de la Commission qui avait été chargée d'y procéder, m'apprit que M. Hély d'Oissel fils avait été adjoint à la Commission comme secrétaire, et que c'était lui qui avait rédigé le Rapport; il m'engagea à lui demander s'il n'en aurait pas conservé la minute. Je lui écrivis, et il m'envoya, en effet, une expédition de ce Rapport, corrigée de la main de M. son père, avec la lettre suivante :

« Monsieur,

» J'ai trouvé dans mes papiers une expédition, corrigée de la » main de mon père, du Rapport que j'ai été chargé de faire » en 1832, en qualité de secrétaire de la Commission d'enquête » que M. d'Argout avait formée pour examiner l'affaire de l'ac- » quisition des vases de Bernay.

» J'ai l'honneur de vous la transmettre, en vous priant de » m'en accuser réception.

» Je n'ai pas su dans le temps ce qu'était devenue cette affaire :
» toutes les pièces originales ont été remises par moi au ministère,
» en janvier 1833, au milieu même de la maladie qui a emporté
» mon père.

» Ce n'est pas au ministère de l'instruction publique que vous
» pourriez les trouver, c'est au ministère du commerce et des
» travaux publics, dans les attributions duquel se trouvait placée
» alors l'administration de la Bibliothèque.

» Du moins je le crois, puisque c'est M. d'Argout, alors
» ministre du commerce et des travaux publics, qui a nommé la
» Commission, et que les pièces ont été remises par moi sur reçu
» signé de M. Edmond Blanc, alors secrétaire général de ce
» ministère.

» Je désire, monsieur, que ces renseignements vous soient
» utiles.

» Agréez l'assurance de ma considération très distin-
» guée.

» HÉLY D'OISSEL.

» 23 avril 1848. »

Sans doute ce document, dont la valeur morale était fort importante pour nous, ne pouvait cependant déterminer notre conviction.

Aussi l'instruction fut-elle recommencée.

Nous demandâmes à M. l'administrateur de la Bibliothèque
nationale des copies certifiées de tous les procès-verbaux des
séances du Conservatoire, dans lesquelles il avait été question de
l'affaire de Bernay et de la correspondance ministérielle qui y
était relative.

Nous fîmes venir de Bernay une expédition authentique du
marché du 3 mai 1830 : car M. Delahaye, sous-préfet de cet
arrondissement avant la révolution de 1830 (celui-là, du moins,
ne sera peut-être pas compté par M. Raoul-Rochette parmi ses
ennemis politiques), avait eu la précaution de le faire déposer
chez un notaire, lorsqu'il avait vu que M. Rochette avait tenté
d'y substituer un autre traité dans lequel il était censé acheter
en son nom personnel.

Nous entendîmes les témoins, qui furent MM. Le Prevost, Lenormant et Letronne.

Les questions furent écrites par moi, et ces messieurs y répondirent de leur main ; ainsi, aucun doute ne peut s'élever sur "exactitude de leurs réponses.

Lorsque ces documents eurent été réunis, j'invitai M. Raoul-Rochette à se rendre dans le sein de la Commission pour qu'il lui en fût donné connaissance.

Voici la lettre qu'il m'écrivit à cet égard :

« Monsieur,

» J'ai reçu l'avis que vous avez eu la bonté de me donner par
» votre billet d'hier, et je me tiendrai demain soir à la disposi-
» tion de la Commission.

» Je prends la liberté de vous adresser ci-joint six exemplaires
» de mon *Exposé succinct*, que je vous prierai d'avoir la bonté
» de distribuer à messieurs vos collègues.

» Je pense, monsieur, que vous trouverez juste qu'il me soit
» donné communication du rapport de la Commission d'enquête
» de 1832, dont je n'ai jamais eu connaissance, et qui peut
» donner lieu à des explications de ma part.

» Veuillez recevoir, monsieur, l'expression de ma considé-
» ration respectueuse,

» RAOUL-ROCHETTE.

» 30 avril 1848. »

En effet, dans la séance du 1er mai, nous donnâmes communication à M. Raoul-Rochette des dépositions des témoins, du rapport de 1832 et de tous les autres documents que nous avions réunis. Il nous présenta ses explications verbalement, et, les 2 et 9 mai, il nous les remit par écrit.

De plus, à sa demande, MM. Jomard, Rollin et Le Prevost, ce dernier déjà entendu par nous, furent interrogés sur des questions que M. Raoul-Rochette avait désiré qu'on leur adressât.

Nous le demandons, enquête fut-elle jamais plus contradictoire et environnée de plus de garanties ?

Nous chargeâmes M. Lascoux de faire le rapport, et nous y joignîmes, au nombre de vingt-sept, toutes les pièces à l'appui.

Ce rapport ne fut pas remis à M. Carnot, qui n'était plus

ministre lorsqu'il fut terminé, mais à M. Vaulabelle, son successeur, qui, remplissant les intentions manifestées par M. Carnot, ordonna que les pièces de l'enquête et le rapport seraient non seulement déposés aux archives du ministère de l'Instruction publique, mais qu'ampliation en serait remise au Conservatoire de la Bibliothèque nationale. Enfin, M. Vaulabelle autorisa que des copies de ces diverses pièces fussent communiquées à M. Carnot.

Voilà tout ce que j'avais à dire pour montrer que nous n'avions pas manqué d'impartialité.

On plaint sincèrement M. Raoul-Rochette de voir des ennemis politiques partout ; il se reconnaît donc capable de laisser aveugler son jugement par l'esprit de parti, lui qui croit que des hommes honorables, appelés, sans qu'ils l'aient désiré, à examiner des faits complétement étrangers à la politique, ont pu se laisser entraîner par la passion qu'il leur suppose, et n'ont pas craint de manquer aux lois les plus simples de l'équité naturelle, en appréciant ces faits en raison seulement de l'opinion de celui à qui ils sont imputés.

A. TAILLANDIER.

RAPPORT

DE LA

COMMISSION D'ENQUÊTE,

INSTITUÉE AU MOIS D'AVRIL 1848,

PAR M. LE MINISTRE DE L'INSTRUCTION PUBLIQUE,

A LA DEMANDE DE M. RAOUL-ROCHETTE,

POUR

Examiner l'affaire de l'acquisition des vases de Bernay.

MONSIEUR LE MINISTRE,

A la demande de M. Raoul-Rochette, vous nous avez chargés, le 18 avril dernier, de faire une enquête sur l'acquisition des vases de Bernay.

Plus tard, vous avez bien voulu ajouter à cette mission, et appeler notre attention sur deux autres faits articulés dans une note anonyme qui vous avait été adressée. Cette note signalait M. Raoul-Rochette : 1° comme ayant, malgré la défense insérée dans le règlement de la Bibliothèque promulgué en 1833, fait une collection d'objets précieux dans le genre de ceux dont la garde lui était confiée en sa qualité de conservateur ; 2° comme ayant reçu de M. de Sant-Angelo (de Naples), deux médailles en or de Locres, dont l'une, destinée, dans l'intention du donateur, au cabinet des antiques, aurait été cédée à M. Rollin, qui, à son tour, l'aurait vendue à la Bibliothèque moyennant un prix très élevé.

Nous allons, monsieur le ministre, vous faire succinctement connaître le résultat de nos investigations, et nous nous occuperons d'abord des deux faits dénoncés par l'auteur de la note anonyme.

Le premier est parfaitement exact. M. Raoul-Rochette possède une collection nombreuse de médailles, de vases, de marbres antiques, etc.; mais nous devons immédiatement ajouter que M. Raoul-Rochette n'en a jamais fait mystère; qu'il a, au contraire, décrit dans divers ouvrages imprimés plusieurs pièces de son cabinet, et que ce cabinet était en grande partie formé avant la promulgation du règlement de 1833. M. Raoul-Rochette nous a, en outre, fait remarquer que les administrateurs de la Bibliothèque ne lui avaient jamais adressé d'observations à cet égard, et que la plupart des conservateurs, qui ont été ses collègues ou ses prédécesseurs, avaient eux-mêmes formé des collections analogues à la sienne.

Ces diverses circonstances, dont l'exactitude ne saurait être contestée, sont sans doute de nature à expliquer l'existence de la collection de M. Rochette : mais elles ne peuvent la justifier complétement, puisque cette existence elle-même constitue, du moins depuis 1833, une violation flagrante du règlement de la Bibliothèque.

A la vérité ce règlement se contente de défendre aux conservateurs de former des collections particulières, et ne donne à cette défense aucune sanction pénale. Vous voudrez bien apprécier, monsieur le ministre, si ce n'est pas là une lacune qu'il importe de combler.

Quant aux médailles d'or de Locres, voici ce qui s'est passé :

On ne connaissait dans le monde savant qu'une seule de ces médailles, lorsqu'en 1841 on en découvrit à la fois une vingtaine dans le royaume de Naples. M. Rochette, ayant eu connaissance de cette découverte, écrivit à M. Bonucci, directeur des fouilles de Pompeï et d'Herculanum, pour en demander deux; l'une pour lui, l'autre pour la Bibliothèque. Mais déjà M. de Sant-Angelo avait attiré à lui toutes ces médailles et les possédait toutes. Il consentit à en donner une à M. Raoul-Rochette, et cette médaille fut envoyée à Paris par

M. Bonucci, dans une lettre qui a été mise sous nos yeux et qui porte la date du 6 aout 1842.

C'est ainsi que M. Rochette devint possesseur de la médaille de Locres, qui est encore aujourd'hui dans son cabinet.

Celle qui figure sur les tablettes du cabinet des antiques provient, il est vrai, de M. Rollin; mais elle n'a été achetée qu'en 1844, et n'a été payée que 200 fr., prix fort modéré eu égard à sa rareté.

M. Rollin nous a d'ailleurs affirmé que jamais M. Rochette ne lui avait vendu ni cédé, à un titre quelconque, aucune médaille d'or de Locres.

Il résulte donc, et des déclarations écrites et des extraits de correspondances joints au présent rapport, que M. Rochette n'a reçu de M. de Sant-Angelo qu'une médaille de Locres, et que la médaille de Locres, que l'on voit aujourd'hui au cabinet des antiques, n'a jamais été en sa possession.

On doit dès lors reconnaître que l'accusation portée sur ce point contre M. Rochette est une accusation mal fondée; mais il faut dire en même temps que M. Rochette se serait épargné d'injustes soupçons s'il s'était abstenu de former une collection particulière de médailles, et que ces soupçons prouvent tout à la fois, et le danger d'enfreindre les sages dispositions du règlement de 1833 et la nécessité de les faire scrupuleusement observer à l'avenir, dans l'intérêt même des conservateurs.

Il nous reste maintenant à vous rendre compte de la partie la plus importante de notre mandat, c'est-à-dire de l'acquisition des vases de Bernay.

Déjà, et à deux époques différentes, cette affaire a éveillé l'attention de l'autorité.

En 1831, une Commission, présidée par M. Cuvier, et dont faisaient partie MM. Van Praet, Abel Rémusat, Prunelle et autres, fut instituée à l'occasion du projet de reconstruction des bâtiments de la Bibliothèque. Par suite, elle eut à rechercher les abus qui avaient pu se glisser dans l'administration de cet établissement et à s'occuper de l'acquisition des vases de Bernay. Un rapport fut par elle rédigé et déposé au ministère. Malheureusement, ce rapport a disparu, et tous nos efforts pour le retrouver ont été infructueux. Mais le rapporteur, M. Prunelle, a bien voulu nous faire connaître « qu'après une discussion, qui avait duré » près de deux séances, les commissaires l'avaient chargé d'in- » scrire au rapport, en termes formels, qu'une affaire telle que » celle des vases de Bernay ne pouvait entrer dans les attribu- » tions d'une Commission administrative, et que la Commission » actuelle se déclarait incompétente. »

Ces conclusions déterminèrent, sans doute, M. d'Argout, mi- nistre du commerce, qui avait alors la Bibliothèque dans son département, à nommer une nouvelle Commission spécialement chargée de rechercher les circonstances qui avaient accompagné et suivi l'acquisition des vases de Bernay. Cette Commission, composée de MM. Hély d'Oissel père, président, Kératry, Mail- lard, Taboureau et de Janzé, tous membres du conseil d'État, s'adjoignit M. Hély d'Oissel fils, en qualité de secrétaire. Comme la Commission dont M. Prunelle avait été le rapporteur, elle fit, en 1832, un rapport au ministre ; mais ce rapport, et les pièces justificatives qui l'accompagnaient, ont disparu comme le rap- port de M. Prunelle. Toutefois, la minute en a été conservée par M. Hély d'Oissel fils (aujourd'hui maître des requêtes au conseil d'État), qui a bien voulu nous la communiquer. Nous en joi- gnons ici une copie ; vous y verrez, monsieur le ministre, qu'a- près avoir posé certaines questions , les commissaires di- saient :

« Il est bien difficile de répondre à ces questions d'une ma- » nière favorable à M. Raoul-Rochette. Cependant, une crainte » nous retient : dans une affaire qui intéresse l'avenir et la ré- » putation d'un savant distingué, il nous en coûte de pronon- » cer d'une manière rigoureuse et absolue. Nous avouons néan- » moins qu'après l'examen détaillé de ces faits, nous ne pouvons » nous défendre d'une impression bien pénible.... Notre mis- » sion principale était de faire ressortir les faits et de les expo- » ser sous leur véritable jour, et après avoir exprimé combien » les explications de M. Rochette ont été loin de nous satis- » faire, combien nous trouvons sa conduite digne de blâme, » nous devons laisser à votre sagesse à apprécier ce que la jus- » tice et les convenances pourraient exiger de rigueur, ou per- » mettre d'indulgence. »

Ce rapport, rédigé à la suite d'une enquête dans laquelle un grand nombre de témoins avaient été entendus, était pour nous d'une haute gravité. Aussi avions-nous pensé que nous pouvions nous en référer à ce document, et ne pas recommencer en 1848, une information, qui avait déjà été poursuivie à une époque bien plus rapprochée des faits qu'il s'agissait d'éclaircir; mais M. Rochette, auquel nous en avons donné lecture, a écrit à notre président que « tout en reconnaissant la valeur morale que ce » rapport comporte, il devait faire remarquer que ce n'était là » qu'une *minute*, que le texte avait pu recevoir dans l'expédition » officielle des corrections de nature à en modifier la forme et à » en atténuer la portée; que le rapport ne renfermait qu'une » opinion, et que cette opinion destituée de toutes pièces à l'appui » ne saurait avoir aucune force légale, ni surtout une autorité » suffisante pour motiver un jugement aussi grave qu'une con- » damnation, etc.

» Sa rédaction, ajoute M. Rochette, porte l'empreinte » des préventions de l'esprit de parti et des passions politiques » qui régnaient alors contre moi, comme elles prévalent encore » aujourd'hui, et je récuse cette opinion même d'hommes qui » n'étaient point dans les conditions d'impartialité nécessaires » pour me juger. »

On pourrait croire qu'en parlant des passions politiques qui *prévalent aujourd'hui contre lui*, M. Rochette a voulu d'avance atténuer le résultat de notre enquête; mais nous ne pouvons nous arrêter à cette pensée, en nous souvenant que c'est M. Rochette qui a lui-même provoqué cette enquête.

A l'égard des *préventions de l'esprit de parti* qui, après la révolution de 1830, *auraient régné contre lui*, il est facile de se convaincre qu'il n'en existe aucune trace dans le rapport de 1832. Les noms des personnes honorables qui composaient la Commission excluent tout soupçon d'une préoccupation politique et hostile à M. Rochette; et en admettant que M. Rochette ait jamais été un personnage politique, ce n'est certes pas le personnage politique qu'on a voulu atteindre, mais bien le conservateur du cabinet des antiques, fonctionnaire public à la vérité, mais auquel on reprochait un fait qui n'avait que trop les apparences d'une spéculation privée.

Il y a plus ; et la déclaration faite le 1er mai dernier par M. Lenormant peut autoriser à penser que si, en 1832, la destitution de M. Rochette n'a pas été prononcée, c'est précisément parce que le ministre qui était alors à la tête du département de l'instruction publique a craint que cette mesure ne pût être attribuée à un ressentiment personnel.

Quant au rapport en lui-même que M. Raoul-Rochette affecte d'appeler une *minute*, nous devons dire que cette minute présente tous les caractères de l'authenticité la moins équivoque ; elle porte plusieurs additions ou corrections de la main du président, M. Hély d'Oissel père. Son identité est affirmée par le secrétaire de la Commission, M. Hély d'Oissel fils. Nous croyons donc fermement que ce qui se trouve dans cette minute se trouvait dans l'expédition officielle ; mais il suffisait que M. Rochette manifestât quelques doutes sur ce point, pour que nous n'hésitassions pas à entrer nous-mêmes dans l'examen des faits incriminés, et à les apprécier suivant nos propres convictions.

Vers la fin du mois de mars 1830, le sieur Thaurin, cultivateur, découvrit à Berthouville près Bernay (Eure) des statuettes et des vases antiques en argent.

Dans les derniers jours du mois d'avril suivant, M. Lenormant, alors attaché à la direction du Musée, se rendit à Bernay, avec mission d'examiner les objets découverts , mais avec injonction de ne pas conclure de marché avant d'avoir fait son rapport à l'intendant général de la maison du roi. En arrivant à Bernay, il apprit que M. Delahaye, alors sous-préfet de cette ville, et M. Auguste Le Prevost, qui depuis a été député de l'Eure, avaient obtenu de M. Thaurin et de M. Liston, son parent et son mandataire, la promesse formelle de ne pas diviser la collection et de la céder à un établissement public français. Il en offrit 14,500 francs et repartit ensuite pour Paris , où il devait soumettre à ses supérieurs le projet d'acquisition.

Ce projet fut accepté, et dès le 1er mai M. Lenormant écrivit à Bernay pour conclure définitivement le marché. Par la négligence d'un garçon de bureau, la lettre ne fut mise à la poste que le 3, et ne parvint à sa destination que le 4.

Dans cet intervalle, M. Rochette s'était lui-même rendu

à Bernay en compagnie de M. Rollin, marchand de médailles,
avec lequel il était en relations d'affaires et d'intérêt. Il y était
arrivé le 2 mai, et le lendemain les personnes qui étaient inter-
venues au marché conclu conditionnellement avec M. Lenormant
n'ayant pas reçu de réponse de celui-ci, traitèrent avec M. Rochette (1) dans les termes suivants :

« Le 3 mai 1830, entre le sieur Prosper Thaurin, cultivateur,
» demeurant en la commune de Berthouville et M. Désiré Raoul-
» Rochette, membre de l'Institut et conservateur de la Biblio-
» thèque du roi, ont été arrêtées les conventions suivantes :
» Le sieur Thaurin vend et cède à M. Raoul-Rochette, *pour*
» *le compte de la Bibliothèque du roi*, une collection d'objets
» antiques en argent, trouvés par lui et pesant 49 livres 6 onces,
» moyennant la somme de 15,000 francs payés comptant, dont
» quittance. . . . . »

(A cette somme de 15,000 francs, il convient d'ajouter
1,500 francs, remis à titre de pot de vin à M. Liston, chez lequel
les objets étaient déposés ; plus 500 francs pour frais de voyage.)

M. Rollin, quoique se trouvant à Bernay, ne prit aucune part
à la vente et resta complétement à l'écart.

Le surlendemain, 5 mai, M. Rochette, de retour à Paris,
se présenta au conservatoire de la Bibliothèque, et voici ce que
porte le procès-verbal de la séance :
» M. Raoul-Rochette rend compte du résultat du voyage qu'il
» vient de faire à Bernay, département de l'Eure, et qu'il avait

---

(1) Extrait d'une lettre de M. Delahaye, sous-préfet à Bernay, datée
du 4 mai 1830, et adressée à M. Lenormant :.
« Vous savez, monsieur, que M. Raoul-Rochette devait arriver ici
dimanche pour acquérir ces objets (les antiquités de Berthouville)
dans l'intérêt de la Bibliothèque royale. Il est arrivé comme il s'était
annoncé, et hier matin il s'est rendu chez M. Liston, avec lequel il est
entré en marché...
» M. Raoul-Rochette est arrivé ici avec des billets de banque. Il a
fait, après un assez long débat, l'offre de 15,000 francs, qu'il a payés
comptant, et a fait de suite emballer les objets qu'il emporte avec lui
à Paris aujourd'hui. »
(N° 16 des *pièces annexées au présent rapport*.)

» annoncé dans la séance précédente (1), pour y voir et acquérir,
» s'il y avait lieu, des objets antiques récemment découverts dans
» ce département. Ces objets consistant en vases et ustensiles sacrés
» d'argent, du poids de près de 50 livres, ont paru à M. Raoul-
» Rochette d'une assez grande valeur archéologique *pour qu'il en*
» *fît à ses frais l'acquisition*, après avoir obtenu de M. Rollin, qui
» lui avait fourni une partie des fonds nécessaires, son désistement
» de toute concurrence, avec la condition de laisser à l'adminis-
» tration de la Bibliothèque le choix des objets qui lui convien -
» draient, au prix qui serait fixé, lorsque la Bibliothèque se trou-
» verait en mesure de faire cette acquisition.

» Le conservatoire donne acte à M. Raoul-Rochette de cette
» déclaration, en ce qui touche les droits de M. Raoul-Rochette
» d'une part et ceux de M. Rollin de l'autre part. »

Le même jour, 5 mai, M. Rochette écrivit à M. Le Prevost et
à M. Liston pour les prier d'anéantir le contrat du 3 mai et d'en
faire un nouveau (dont il envoyait les deux doubles tout préparés)
d'où disparaîtraient ces mots: *Pour le compte de la Bibliothèque
du roi.*

Le 15 mai, M. Rochette, n'ayant pas encore reçu de réponse
de M. Liston, écrivit de nouveau à celui-ci dans le même sens ;
mais presque aussitôt arriva entre ses mains une lettre en date
du 14 mai par laquelle M. Delahaye annonçait que M. Liston,
comme représentant M. Thaurin, ayant toujours eu l'intention
de vendre la collection à un établissement public français, se
refusait au changement sollicité.

Le même jour, 15 mai, M. Rochette réunit extraordinaire-
ment le conservatoire de la Bibliothèque. Le procès-verbal de
cette séance est ainsi conçu :

« Après la lecture du dernier procès-verbal, dont la rédaction
» est adoptée, M. Raoul-Rochette entretient de nouveau le con-
» servatoire de la collection des monuments antiques découverts
» dans un champ de la commune de Berthouville, près de Bernay,
» département de l'Eure, et propose de faire la cession immé-
» diate de la totalité au cabinet des médailles et antiques.
» M. Rollin, qui a fait l'avance d'une portion des fonds nécessaires

(1) Le procès-verbal de la précédente séance est muet à cet égard.
(*Note du rapport*).

» à l'acquisition de ces objets, et qui s'en était réservé une partie,
» condition d'après laquelle il avait renoncé à toute concurrence
» avec la Bibliothèque du roi, ayant été appelé au conservatoire,
» déclare, par une lettre qu'il dépose sur le bureau, se désister
» aussi de ses droits en faveur de la Bibliothèque du roi, moyen-
» nant une somme qui le rembourse du prix entier de l'acqui-
» sition, des indemnités qui en ont été l'occasion, des frais de
» voyage et de l'avance de son argent, si la Bibliothèque veut
» prendre des délais pour le payer ; et il propose de fixer cette
» indemnité à 30,000 francs payables dans quatre années.

» D'après ces considérations, le conservatoire fixe le prix total
» de la collection dont il s'agit à la somme de 30,000 francs,
» payable à M. Rollin dans le terme de quatre années, sans in-
» térêts, ce à quoi M. Rollin a adhéré séance tenante. En consé-
» quence, les objets dont se compose cette collection seront
» remis au cabinet des médailles... M. le président écrira à
» S. Ex. le ministre de l'intérieur pour lui faire connaître et
» l'importance de cette collection et le zèle que M. Raoul-Ro-
» chette a mis à en procurer l'acquisition. »

Voilà, monsieur le ministre, les faits qui résultent des pièces ci-
jointes et sur l'existence desquels aucune controverse n'est possible.
Ils peuvent se résumer ainsi : Le 3 mai 1830, M. Rochette
a acheté moyennant 15,000 francs, plus 2,000 francs de frais
extraordinaires, pour le compte de la Bibliothèque, les objets
antiques découverts près de Bernay, et le 15 du même mois,
sur la proposition de M. Rochette, le conservatoire a consenti à payer 30,000 francs ces mêmes objets qui lui appartenaient déjà moyennant 17,000 francs.

Comment et au profit de qui ce consentement a-t-il été obtenu ?

En s'en rapportant aux pièces produites et aux faits constatés,
abstraction faite des explications que nous aurons plus tard à examiner, il est facile de répondre à cette question.

En effet, M. Rochette et M. Rollin partent ensemble pour
Bernay : là, M. Rochette apprend les démarches de M. Lenormant, et l'intention du propriétaire de vendre les objets découverts
à un établissement public ; alors M. Rollin reste à l'écart, et

M. Rochette conclut seul le marché pour le compte de la Bibliothèque.

Une fois le marché conclu, les devoirs de M. Rochette paraissent tout tracés : à son retour à Paris, il produira le contrat de vente au conservatoire, et tout sera terminé.

Au lieu de cela, que fait M. Rochette ? A son retour à Paris, il annonce bien qu'il a acquis les vases de Bernay, mais qu'il les a acquis à ses frais ; il annonce bien qu'on les lui a vendus, mais il ne fait pas connaître le contrat de vente ; il ne dit pas à quel prix la vente a eu lieu, mais il déclare que M. Rollin, s'étant désisté de toute concurrence, a des droits sur les objets achetés, et le conservatoire donne acte de cette déclaration en ce qui touche les droits de M. Rochette d'une part, et ceux de M. Rollin d'autre part.

Ce n'est pas tout : dès le 5 mai il écrit à M. Liston pour l'engager à anéantir le contrat du 3 et à en signer un nouveau en supprimant les mots : *pour le compte de la Bibliothèque du roi*, « parce que, disait-il, il avait excédé le crédit de 10,000 francs qui lui avait été donné. » (*Voir la lettre citée textuellement dans le rapport de* 1832 (1).

Or, aucun crédit n'avait été ouvert à M. Rochette.

Il écrit aussi à M. Le Prevost (*Voir la première déposition de M. Le Prevost*), il lui écrit au nom du conservatoire.

Or, le conservatoire ne lui a jamais donné pareille mission.

Il a écrit en exprimant le désir que le contrat primitif soit remplacé par un autre dans lequel l'acquisition sera faite pour son compte personnel, parce que la collection renfermant, à côté

---

(1) Voici ce passage du rapport de la commission de 1832 : « Il ne parla (M. Rochette) en aucune façon du contrat d'acquisition du 3 mai, et cela devient facile à concevoir, lorsqu'on voit que le même jour, 5 mai, il écrivait à M. Liston, à Bernay, pour le prier d'anéantir ce contrat et d'en faire un nouveau, en y supprimant les mots POUR LE COMPTE DE LA BIBLIOTHÈQUE DU ROI. *Parce que*, disait-il dans sa lettre, *ayant excédé le crédit qui lui avait été donné, et qui n'avait été, comme la somme qu'il avait apportée, que de* 10,000 *fr., il se trouvait que pour le remboursement des* 5,000 *fr. de surplus et des* 1,500 *fr. donnés à titre de pot de vin à M. Liston, lesquelles sommes étaient payables par mandats tirés sur lui, il ne trouvait aucune garantie de remboursement dans un contrat fait au nom de la Bibliothèque.* »

d'objets du plus grand prix, des pièces dénuées d'intérêt, le conservatoire tient peu à les posséder et qu'il lui serait plus difficile de s'en défaire qu'à un particulier.

Or jamais le conservatoire n'a fait la distinction annoncée par M. Rochette et n'a songé à se défaire d'une partie de la collection.

Et puis, quand toutes ces tentatives ont échoué devant la loyauté de M. Liston, et devant la fermeté de MM. Le Prevost et Delahaye (1), quand il peut craindre que le contrat du 3 mai ne soit connu, et que la vérité ne vienne à se faire jour, M. Rochette provoque une réunion extraordinaire du conservatoire; et il propose de faire à la bibliothèque, non pas *la remise*, mais *la cession* des objets découverts à Bernay; et le conservatoire, qui ne connaît pas encore la vérité, qui ignore les termes du contrat du 3 mai, accepte cette proposition et charge son président d'écrire au ministre de l'intérieur, pour lui faire connaître le zèle que M. Raoul-Rochette a mis à procurer l'acquisition des vases de Bernay.

En présence de ces faits, dont, nous le répétons, l'existence n'est pas contestable, la conduite de M. Rochette ne paraît pas pouvoir être approuvée.

(1) Extrait d'une lettre de M. Le Prevost à M. Lenormant, datée de Bernay, le 14 mai 1830 :

« C'est avec un véritable chagrin, que j'ai vu enlever par un concurrent avide notre belle collection, sans que nous eussions le temps de nous rendre compte de ses propositions, et de vous demander les instructions de M. de Larochefoucault.

» L'acte de vente a été rédigé par moi, pour le compte de la Bibliothèque du roi. Nous nous sommes toujours expliqués dans ce sens, et sur notre interpellation, M. Raoul-Rochette nous a déclaré, très positivement, que c'était au nom de cet établissement qu'il agissait. Aujourd'hui il vient demander que le marché soit changé et mis à son propre et privé nom. Nous lui répondons, tous les trois d'accord, que cela est impossible... Vous allez recevoir une lettre de M. Delahaye dans le même sens, et nous sommes sûrs que le propriétaire ne cédera à aucune démarche... Je vous envoie ci-joint un article du *Journal de Rouen*, qui a dû contrarier beaucoup les projets de M. Raoul-Rochette. Il en imprime en ce moment un autre qui est une liste aussi exacte que possible des objets composant la collection, et que je vous ferai passer de même. Je vous prie de compter sur mon zèle à contribuer de tout mon pouvoir à en empêcher la dispersion. »

(N° 18 des *pièces annexées au présent rapport.*)

Toutefois et avant d'arrêter son opinion, il importe de connaître les explications fournies par M. Rochette.

Ces explications, qui nous ont été données verbalement et par
écrit, se trouvent consignées dans une brochure publiée en 1838
et dans laquelle M. Rochette s'exprime ainsi :

« J'avais appris que M. Rollin, informé comme moi de la
» découverte de Bernay par la voix publique, se disposait à faire le
» même voyage avec la même intention. Il ne m'était pas difficile
» de prévoir qu'une pareille concurrence, en élevant nécessaire-
» ment le prix de ces objets, rendrait à peu près impossible
» l'acquisition que je projetais pour la Bibliothèque. J'engageai
» donc M. Rollin à se désister de cette concurrence, en lui pro-
» mettant, en retour d'un pareil acte de condescendance, de lui
» faire céder par l'administration de la Bibliothèque les objets
» doubles qui pourraient se trouver dans la collection, d'après
» une estimation équitable qui serait faite d'un commun accord...
» M. Rollin accepta ma proposition. Il me promit de ne point
» enchérir sur les offres que je jugerais à propos de faire... ; et,
» dans le cas où les fonds que j'avais disponibles pour cette ac-
» quisition, si elle avait lieu, fonds qui n'excédaient pas 10,000 fr.,
» seraient insuffisants, il s'engagea à me fournir le surplus sous la
» condition énoncée plus haut. Tout cela fut dit et convenu de vive
» voix seulement, avant le départ, dans un temps où ni moi, ni
» M. Rollin, ne pouvions encore avoir aucune idée positive sur la
» valeur réelle ou archéologique de la collection d'objets dont il
» s'agit... Ce fut grâce à cette circonstance, et par suite du pro-
» cédé si honnête et si loyal de M. Rollin, que je pus accomplir en
» mon nom, et pour le compte de la Bibliothèque, l'acquisition de
» tous les vases et objets divers composant la collection de Ber-
» nay... En rendant compte au Conservatoire, le mercredi 5 mai,
» de l'acquisition que j'avais faite en mon nom, pour le compte de
» la Bibliothèque, je fis en même temps connaître les conditions
» que j'avais été dans le cas d'attacher à ce marché... La chose
» fut entendue et réglée provisoirement dans cette première séance
» du Conservatoire. Les droits de la Bibliothèque furent constatés
» en même temps que les obligations contractées envers M. Rollin
» furent reconnues et admises. »

Suivant M. Rochette, ces obligations consistaient dans la

cession à faire à M. Rollin des pièces *doubles* de la collection ; mais bientôt on reconnut qu'il n'y avait pas de *doubles*, et il fallut donner à M. Rollin une indemnité en argent.

« Ce fut sous l'empire de ces circonstances, continue M. Ro-
» chette, que M. Rollin fut appelé en personne au sein du con-
» servatoire pour débattre et fixer les termes d'une transaction
» définitive. Dans cette séance, qui eut lieu le 19 mai (lisez le
» 15 mai), *je produisis le traité souscrit par moi au prix de*
» 15,000 fr.; je déclarai qu'une indemnité de 1,500 fr. avait été
» payée à M. Liston, ce qui, avec les frais de voyage, portait la
» dépense totale à 17,000 fr. ; j'énonçai la somme que j'avais
» avancée de mes propres deniers, celle que M. Rollin m'avait
» fournie. »

M. Rochette raconte ensuite comment la somme à payer à M. Rollin fut fixée à 30,000 fr., payable en quatre ans, soit pour indemniser ce négociant du bénéfice qu'il aurait pu faire sur la re-vente de tout ou partie de la collection, soit pour lui tenir compte de l'intérêt de son argent. Il ajoute que le bénéfice net de M. Rollin se réduisait à 5 ou 6,000 fr. (1) : « Et personne, s'écrie-t-il, quelle
» que soit la malveillance ou l'injustice de l'esprit de parti, ne sup-
» posera qu'une homme de mon caractère et dans ma position ait
» pu entrer en partage d'un pareil gain. »

Nous aimons à croire, en effet, que telle n'a pas été la pensée de M. Rochette.

Cependant nous devons dire que ce sentiment ne paraît pas avoir été celui des commissaires de 1832, car on lit dans leur rapport : « Nous avons donc lieu de penser que M. Raoul-Ro-
» chette, qui était depuis longtemps en relations d'affaires avec

(1) En fixant à 5 ou 6,000 fr. seulement, le bénéfice net de M. Rollin, M. Rochette fait un faux calcul. Si à la somme de 17,000 fr., la seule déboursée, on ajoute pendant quatre ans, l'intérêt à 6 pour 100, on obtient à raison de 1,020 fr par an, un total de 21,080 fr. Il existe donc entre ce total et les 30,000 fr. alloués par le Conservatoire, une différence de 8,920 fr. qui forme le bénéfice réel. Mais ce dernier chiffre n'est même pas exact, car le paiement des 30,000 fr. devant nécessairement s'opérer par annuités, il aurait fallu encore déduire l'intérêt à 6 pour 100 de la somme qui aurait été payée chaque année à valoir sur le capital, et ces déductions successives auraient grossi d'autant le montant du bénéfice net de M. Rollin. (*Note du rapport.*)

» M. Rollin, qui avait de l'argent placé chez lui, et qui n'avait
» aucun projet arrêté avant son départ, fit le voyage avec lui dans
» l'intention de faire l'acquisition de compte à demi, si les objets
» leur paraissaient à tous deux d'une assez grande valeur. »

Il semble même que ce sentiment n'était pas celui des collègues de M. Rochette lorsqu'ils connurent les faits ; car le rapport ajoute : « Et nous sommes encore confirmés dans cette opi-
» nion par le compte que M. Rochette rendit de son voyage à la
» séance du 5 mai, compte qui, selon MM. les administrateurs
» qui y assistaient, laissa dans leur esprit la pensée que M. Ro-
» chette et M. Rollin avaient fait l'affaire de compte à demi,
» et offraient à la Bibliothèque de la faire participer à leur marché. »

Cette expression de *compte à demi* se retrouve même dans une
lettre adressée le 21 mai 1833, par M. Rollin, à M. le ministre de
l'instruction publique. A la vérité, M. Rollin, dans sa déclaration
écrite du mois de mai dernier, a expliqué cette expression, en
disant : « En partant pour Bernay, M. Rochette et moi sommes
» convenus que, si l'acquisition se faisait, nous partagerions les
» objets ; moi, pour mon compte particulier, et M. Rochette, pour
» le compte de la Bibliothèque. C'est ce que j'ai appelé *compte à
» demi.* » Nous ne pouvons pourtant nous empêcher de faire observer que ces mots de *compte à demi* ont une signification peu
équivoque dans la bouche ou sous la plume d'un négociant.

Vous remarquerez, en outre, monsieur le ministre, que, soit dans
la brochure publiée en 1838, soit dans les deux lettres qu'il nous
a adressées, M. Rochette ne dit pas un mot de ses démarches réitérées pour faire changer les termes du contrat du
3 mai 1830, et accepter une rédaction qui l'aurait rendu seul
propriétaire de la collection. Ces démarches étaient pourtant assez
extraordinaires pour autoriser bien des suppositions et pour
avoir dès lors besoin d'être expliquées.

Quoi qu'il en soit, et en considérant M. Rochette comme personnellement désintéressé dans la question d'argent qui s'est
agitée le 15 mai 1830 devant le conservatoire, toujours est-il
qu'au moment où cette question a été débattue, le Conservatoire
n'avait pas encore vu le contrat du 3 mai, et qu'il a pris sa
détermination dans l'ignorance du véritable état de l'affaire.

Il est vrai que, dans la brochure publiée en 1838, M. Rochette affirme que le 15 mai il a produit au conservatoire le traité conclu à Bernay le 3 du même mois ; mais sa mémoire paraît être ici en défaut.

En effet, d'une part, le procès-verbal de la séance ne mentionne en aucune façon la production de cette pièce, et de l'autre le rapport de la Commission de 1832 nous apprend que, suivant les dépositions de MM. les conservateurs, et notamment celle de M. Demanne, alors secrétaire du Conservatoire, M. Rochette ne remit le contrat passé à Bernay le 3 mai que postérieurement au 15, à la fin d'une séance, et en priant M. Demanne ,sans autre explication, de le joindre aux autres pièces relatives aux antiquités de Bernay.

Ce point ne peut d'ailleurs faire l'objet d'un doute, car, dans l'une des lettres qu'il nous a adressées, M. Rochette s'exprime ainsi :

« On m'a reproché d'avoir gardé trop longtemps entre mes » mains l'acte souscrit à Bernay. Il est probable que, si j'avais » suivi une marche différente, j'aurais prévenu plus d'une diffi- » culté, et surtout évité plus d'une interprétation fâcheuse. »

Nous pouvons donc tenir pour constant que le 15 mai 1830 le Conservatoire a stipulé sans connaître la vérité.

« Mais, continue M. Rochette, j'étais alors persuadé que, si je » remettais mon titre à la Bibliothèque , je perdais tout moyen » d'obliger le Conservatoire à tenir les engagements que j'avais » contractés avec M. Rollin. »

Ainsi, c'est pour faire tenir par ses collègues ses engagements personnels , et forcer la main au Conservatoire que M. Rochette dissimule la vérité ! Il résulterait donc de tout ceci que, pour obtenir la réalisation d'une convention au moins irrégulière, M. Rochette aurait mis de côté, non seulement la légalité, mais les plus simples convenances, en cachant aux conservateurs de la Bibliothèque les préliminaires de cette convention.

Le moyen de défense présenté par M. Rochette n'est pas admissible.

« Sans les engagements que j'avais contractés avec M. Rollin, » l'acquisition devenait impossible. »

Pourquoi donc impossible ? Que M. Thaurin eût préféré recevoir de M. Rollin, stipulant pour son propre compte, une somme plus forte que celle offerte par M. Rochette au nom d'un établissement public, cela se conçoit parfaitement ; mais qui

nous dit que M. Rollin aurait enchéri sur les offres de la Bibliothèque ? En cas d'affirmative, pourquoi M. Rochette n'au-
rait-il pas offert une somme égale à celle de M. Rollin ? Il a bien
offert 15,000 francs sans y être autorisé, il aurait donc pu offrir
davantage. Il aurait pu surtout pousser ses enchères jusqu'à
30,000 francs, puisque, sur sa proposition, le Conservatoire a
consenti à faire l'acquisition à ce prix.

Vous savez, monsieur le ministre, que ce consentement n'a
pas eu le résultat qu'on en attendait, et que l'autorité supérieure, ayant eu connaissance des faits, a refusé de le ratifier. Néanmoins, M. Rochette fonde sa justification sur les deux lettres
ministérielles par lesquelles ce refus est définitivement exprimé.

« En regard de ce rapport (celui de 1832) il existe, dit-il,
» dans sa lettre du 9 mai 1848, quelque chose de plus qu'une
» présomption fondée sur le doute; il existe une certitude fondée
» sur un acte ministériel : je veux parler de la décision prise en
» mai 1833 par M. Guizot, ministre de l'instruction publique. Par
» cette décision, le ministre approuve l'acquisition des vases de
» Bernay au prix primitif de 17,000 francs, sans que du reste il
» exprimât aucun blâme, ni sur les actes du Conservatoire en gé-
» néral, ni sur ma conduite en particulier. Cette décision m'ayant
» paru trop rigoureuse, en ce qu'elle ne tenait aucun compte des
» intérêts dus à M. Rollin pour ces 17,000 francs avancés depuis
» trois ans, j'engageai le Conservatoire à adresser au ministre une
» réclamation dans ce sens; et le ministre, par une seconde lettre,
» se contenta de répondre que les *règlements administratifs* ne
» lui permettaient pas de déférer au vœu du Conservatoire.

» C'était pourtant bien là le cas d'adresser au conservatoire, ou
» du moins à moi, des paroles de blâme sur les irrégularités si-
» gnalées dans l'affaire par la Commission d'enquête, et le mi-
» nistre eût bien pu ne pas se retrancher derrière les *règlements*
» *administratifs,* s'il avait cru qu'il existât dans l'opération quel-
» que fait de prévarication même intentionnelle. Les deux lettres
» du ministre établissent donc plus qu'une présomption en ma
» faveur; elles constituent un acte de l'autorité publique qui dé-
» cide, par le silence même gardé sur ma conduite, qu'elle n'a-
» vait rien de répréhensible : elles forment un jugement rendu en
» toute liberté d'opinion par le ministre compétent, etc., etc. »

Pour toute réponse à ce raisonnement, nous transcrivons ici les deux lettres du ministre :

PREMIÈRE LETTRE.

Paris, le 14 mai 1833.

« Monsieur le directeur,

» M. Rollin a réclamé près de moi une somme de 13,000 fr. » qui lui avait été promise par le Conservatoire, en sus des » 17,000 fr. que l'administration a reconnu lui être dus, pour » l'achat des objets d'antiquité trouvés à Bernay.

» Avant de répondre à la lettre de M. Rollin, j'ai pris connais- » sance des documents relatifs à cette affaire, et j'ai examiné avec » le plus grand soin toutes les pièces qui s'y rattachent. Il ré- » sulte pour moi, de cet examen, qu'il n'est pas possible de » reconnaître au nom de l'administration la dette que lui impute » M. Rollin. Le Conservatoire a acquis, moyennant 15,000 fr. » les objets trouvés à Bernay ; il est nanti de ces objets pour cette » somme, dont j'ai autorisé le paiement et à laquelle j'ai fait » ajouter une somme de 2000 fr. destinés à payer les frais dûment » constatés. J'ai donc reconnu, en approuvant ce marché et en » autorisant ce paiement, tout ce que l'administration pouvait » reconnaître ; elle ne saurait rien admettre de ce qui aurait été » fait en dehors de cette transaction. Tel est le sens de la réponse » que j'adresse à M. Rollin, et dont je vous envoie copie ci-jointe.

» Veuillez, monsieur le directeur, la communiquer au Con- » servatoire ainsi que cette lettre. Je regrette vivement de ne » pouvoir approuver, dans cette circonstance, tout ce qui a été » fait par le Conservatoire.

» Agréez, etc.,   » *Signé* GUIZOT. »

DEUXIÈME LETTRE.

Paris, le 30 mai 1833.

« Monsieur le directeur,

» J'ai reçu votre lettre du 24 courant, par laquelle vous me » faites connaître l'avis du conservatoire sur la décision que j'ai » prise dans l'affaire de M. Rollin. Vous me transmettez en

» même temps le vœu qu'il a exprimé de voir rembourser les
» intérêts de la somme de 17,000 fr. avancée par M. Rollin de-
» puis trois ans... Les règles établies en matière de compta-
» bilité s'opposent formellement à l'accomplissement de ce
» désir... Il m'est donc impossible, monsieur le directeur, d'ac-
» céder au vœu exprimé dans votre lettre au nom du Conser-
» vatoire. La réclamation formée en faveur de M. Rollin peut
» bien être considérée comme juste et équitable, mais elle n'est
» point admissible en droit-administratif.

   » Agréez, etc.,   » *Signé* GUIZOT. »

Après avoir lu ces lettres, il importe de se rendre compte des circonstances qui les ont dictées, et de ne pas confondre ce qui se rapporte au paiement du capital, c'est-à-dire à l'acquisition elle-même, et ce qui se rapporte au paiement des intérêts, c'est-à-dire une réclamation accessoire qui n'a été soulevée que longtemps après.

En 1833, M. Rollin s'adresse au ministre pour lui demander de ratifier la délibération du 15 mai 1830, qui allouait 30,000 francs pour l'acquisition des vases de Bernay, alors que 17,000 fr. seulement avaient été déboursés.

Le ministre répond par un refus formel.

La question du capital une fois vidée, restait la question des intérêts qui, nous devons le reconnaître, se présentait sous un aspect favorable : en effet, il semblait équitable, quelle que fût l'opinion que l'on pût avoir sur la délibération du 15 mai, que M. Rollin, qui en 1830 avait déboursé 17,000 francs, et qui n'était pas intégralement remboursé en 1833, re-çût les intérêts de son argent. Le Conservatoire écrit dans ce sens au ministre, et le ministre répond que la réclamation for-mée en faveur de M. Rollin peut bien être considérée comme juste et équitable, mais qu'elle n'est point admissible en droit administratif.

Qui ne voit l'énorme différence qui existe entre chacune des solutions données par le ministre aux questions qui lui étaient adressées ? Sur la question accessoire des intérêts, le ministre, tout en refusant, laisse percer un regret; mais sur la question principale, c'est-à-dire sur la question de ratification de la délibération du 15 mai 1830, le ministre refuse sans hésiter, et ce refus est une improbation non équivoque de la délibération.

C'est là pourtant ce que M. Rochette considère comme sa justification et comme une approbation de sa conduite par l'autorité supérieure !

Ici se terminerait notre rapport, s'il nous était possible de ne pas relever un reproche que M. Rochette a cru pouvoir adresser au président de la Commission et qu'il a formulé ainsi dans sa lettre du 9 mai 1848 :

« L'importance des deux lettres de M. Guizot est si sensible
» dans mon intérêt, qu'il y aurait lieu pour moi d'être étonné
» que vous, monsieur le président, qui mettiez tant de soin, un
» soin que je respecte du reste, et qui me paraît commandé par
» vos fonctions mêmes, à rechercher dans les mains de M. Hély
» d'Oissel un document qui m'accuse, vous n'ayez pas pris la
» peine de recueillir dans les archives du Conservatoire, deux
» pièces qui me justifient et que j'avais signalées dans ma bro-
» chure (la brochure publiée en 1838). »

A ce reproche, il suffira d'opposer quelques dates :

La Commission d'enquête a été instituée par vous *le 18 avril.* Aussitôt son président s'est mis en mesure de recueillir tous les documents désirables ; il a notamment demandé à M. l'administrateur de la Bibliothèque nationale toutes les pièces faisant partie des archives du Conservatoire, qui étaient relatives à l'affaire des vases de Bernay.

Le 22 avril, ces pièces, parmi lesquelles figurent précisément les deux lettres signalées par M. Rochette, lui ont été remises.

La Commission avait donc ces deux lettres sous les yeux, le 1er mai, jour où M. Rochette a comparu devant elle.

Tel est, monsieur le ministre, le résumé de l'enquête à laquelle nous nous sommes livrés, et à l'appui de notre rapport, nous joignons les pièces suivantes :

(*Suit la désignation de vingt-sept pièces annexées au rapport*).

Veuillez agréer, monsieur le ministre, l'hommage de nos sentiments respectueux.

Signé : Le président de la Commission, A. TAILLANDIER, GUÉRARD, TASCHEREAU, RAVENEL, RAVAISSON, LASCOUX, rapporteur.

Paris, le 5 juillet 1848.